SMILEY World

COLORIAGES POUR ADULTES EN QUÊTE DE SMILE

dance time
SmileyWorld

HELLO
SMILEYWORLD
SMILEYWORLD
SUPER COOL
LIFE IS TOO SHORT TO WORRY
SMILEYWORLD
OHLALA
SMILEYWORLD

SMILEYWORLD
HUH?
BAM
WOW!
FUN POWER
POP!

LOVE PEACE
LOVE
ILEYWORLD
LOVE
SMILE
PEACE
PEACE
LOVE PEACE
LOVE
ILEYWORLD
LOVE
SMILE

Peace
Begins
With
a Smile
Smiley World

Sweet
Peace
Love
SmileyWorld

KEEP
SWEET
Smiley World

Sweet You
Sweet Heart
Sweet You
Sweet Heart
Just Me
It's Love
Just Me
It's Love
Smiley World
Smiley World
Love You
Love You
Sweet You
Sweet Heart
Sweet You
Sweet Heart
Just Me
It's Love
Just Me
It's Love
Smiley World
Smiley World
Love You
Love You

I ♥ Candy GIRLS

SmileyWorld

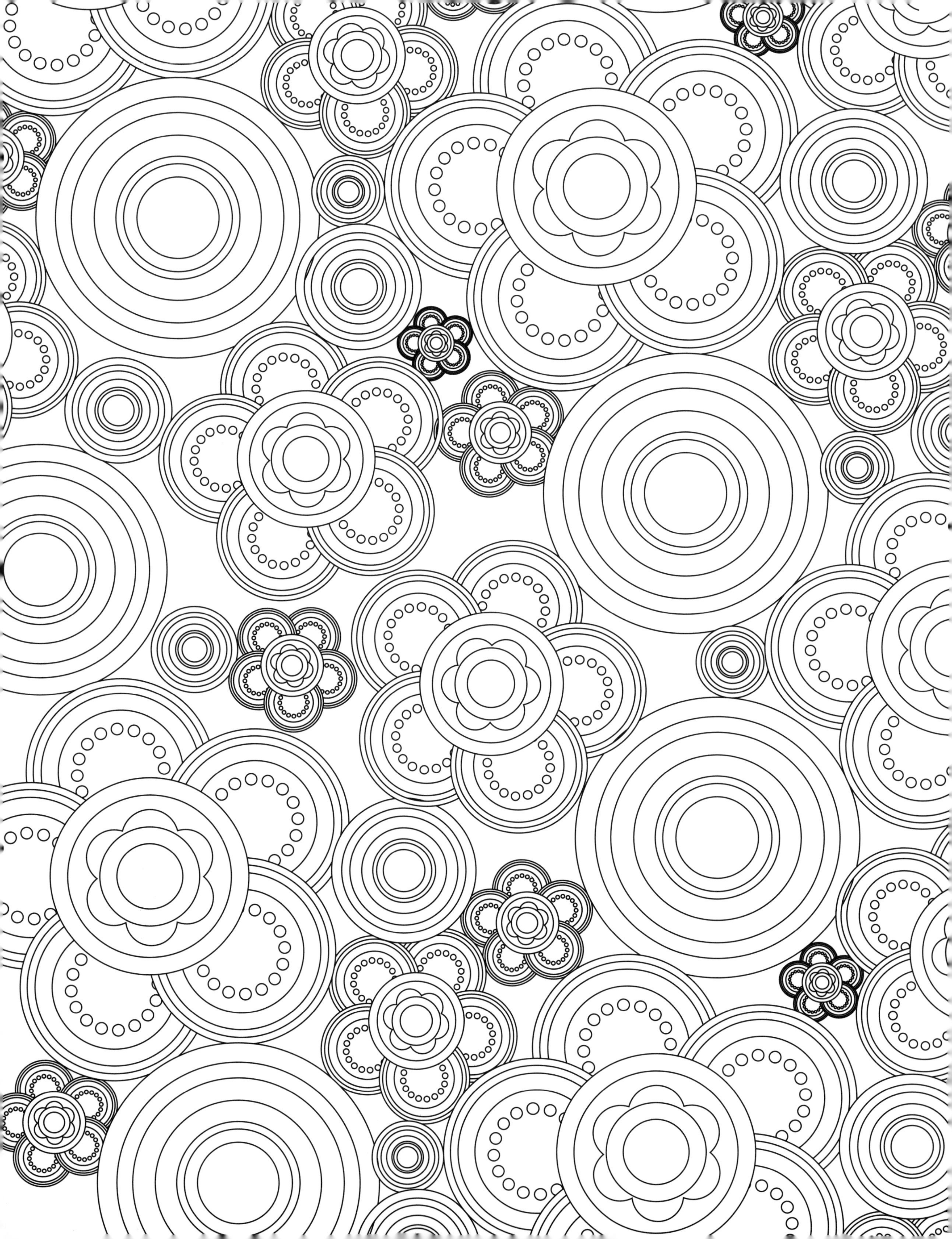

Live Love Laugh
LOL
OMG!
SMILEY WORLD
DARE TO DREAM!

FRIENDS
Smileyworld

SMILEY WORLD

Smiley World
Bright Young Things

Bright
Young
Things

WOW
FRIEND
HEY YOU!
LOVE
NEW
GOOD
SmileyWorld

FRIENDSHIP
FRIEND
New
Best Friends
GOOD
WOW
LOVE
HEY YOU!
SmileyWorld
Peace
Love

HAPPY
RAINBOW
FLOWER POWER
SmileyWorld

HAPPY
FLOWER POWER
RAINBOW
SmileyWorld

PEACE
SmileyWorld

RAINBOW
HAPPY
RAINBOW
FLOWER
RAINBOW
HAPPY
FLOWER POWER

Love
SmileyWorld

LOVE
SmileyWorld

I ♥
MOUSTACHE

FOLK OFF
peace
peace
peace
PEACE
LOVE
MUSIC
peace
peace

FOLK
YEAH
SMILEYWORLD

LOVE PEACE
LOVE
LOVE
PEACE
PEACE
LOVE PEACE
LOVE
LOVE

LOVE
LOVE
LOVE PEACE
SMILEYWORLD
PEACE
PEACE
LOVE
LOVE
LOVE PEACE
SMILEYWORLD

PEACE
LOVE
MUSIC
SMILEYWORLD

SMILEYWORLD
HUH?
SMILEYWORLD
HUH?
BAM
BAM
WOW!
FUN POWER
WOW!
FUN POWER
POP!
POP!
SMILEYWORLD
SMILEYWORLD
HUH?
HUH?
BAM
BAM
WOW!
FUN POWER
WOW!
FUN POWER
POP!
POP!
SMILEYWORLD
SMILEYWORLD
HUH?
HUH?
BAM
BAM
WOW!
FUN POWER
WOW!
FUN POWER

HIPPIEFEST

SMILEYWORLD

START
EVERYDAY
with a
SMILEYWORLD

HIPPY
SMILEYWORLD

MILEYWO

SMILE

and the

WORLD

SMILES

with

YOU

SMILEYWORLD

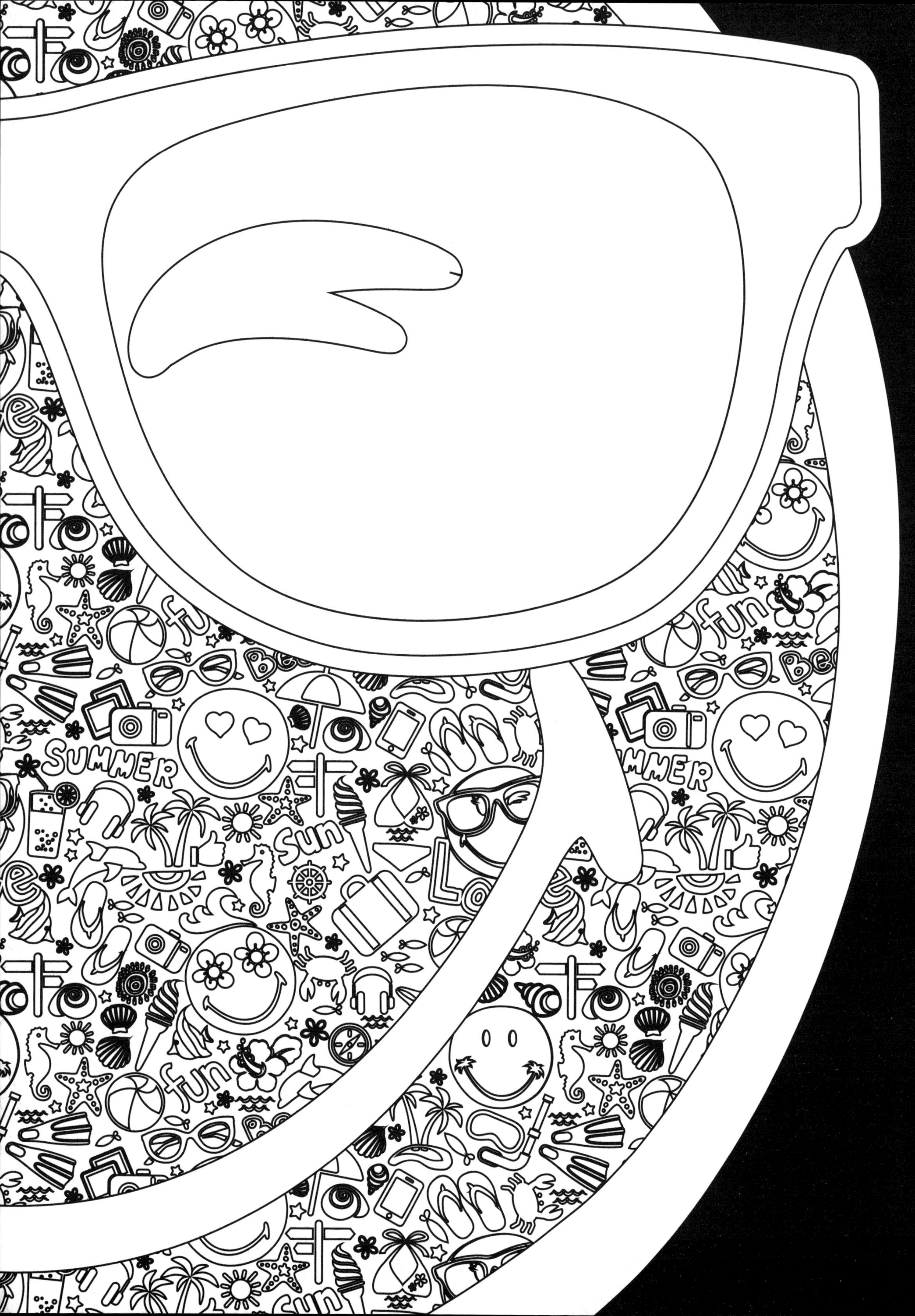

SUMMER
fun
Sun
fun

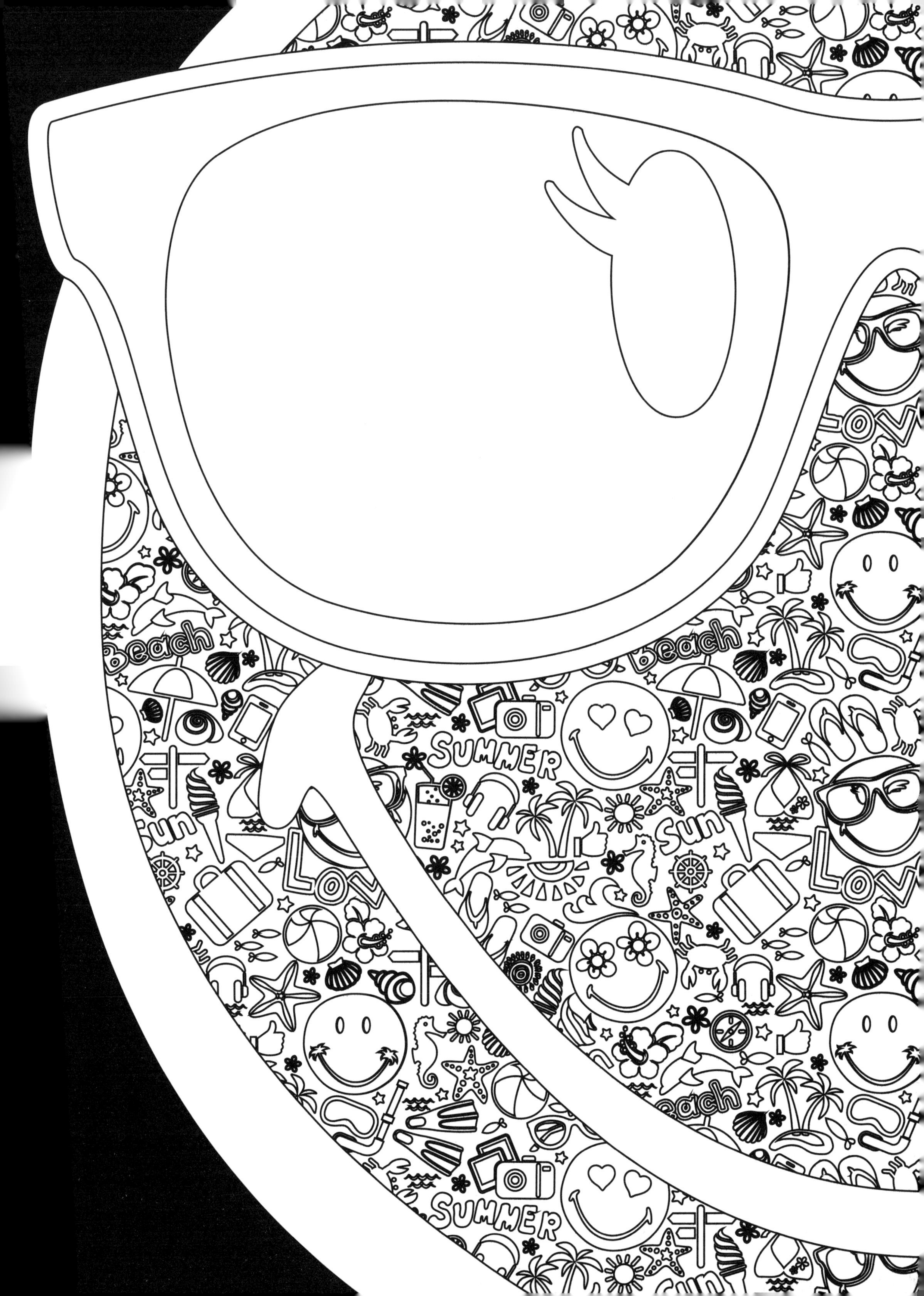
beach
SUMMER
Sun
LOVE

PEACE
LOVE
MUSIC
SmileyWorld

Beach
SUMMER
Sun
fun
Beach
SUMMER

It's
TRAVEL TIME
Enjoy!

SMILEY
WORLD
SUMMER
Love
Sun
fun
Beach

Treasure Island
N
E
S
W
SmileyWorld

fun
SMILEY WORLD
Sun

SMILEY WORLD
NEW WAVE
BEACH

BEACH
NEW WAVE
SMILEY WORLD

I ♥
MOUSTACHE

CALI
SURFING
COMP
FREESTYLE
BAY CITIES
323
BEACH CLUB
SURF
Sun Valley
MOTEL
SMILEYWORLD
BEACHSIDE BAY
Smileyworld
04
SURF COMP
SUMMER
VACATION
SMILEYWORLD
SMILEYWORLD
CALIFORNIA
WAVES
BAY CITIES
323
BEACH CLUB
SMILEYWORLD
WAVES
SMILEYWORLD
CALIFORNIA
SMILEYWORLD
SURF
Smileyworld
CALI
SURFING
COMP
FREESTYLE
Sun Valley
MOTEL
SMILEYWORLD
BEACHSIDE BAY

SHINE

LIKE THE STARS

PARADISE
SmileyWorld

HELLO SUMMER!
SmileyWorld
Have Fun!

YOU
ARE
MY
SPECIAL
ANGEL

SMILEYWORLD

DO
ALL
THINGS
WITH
LOVE

SMILEYWORLD

LIVE
EVERY MOMENT
LAUGH
EVERYDAY
LOVE
BEYOND WORDS

SMILEYWORLD

Smiley World
ACE
72
SMILEYWORLD
POW!
I SW

Smiley World
ACE
72
SMILEYWORLD
POW!
I SW

Beach
SUMMER
Sun
fun
Beach
SUMMER

peace
peace
peace
peace
peace

Les Livres du Dragon d'Or

Les Livres du Dragon d'Or, un département d'Édi8,
12, avenue d'Italie - 75013 Paris

Maquette : Axel Mahé.
ISBN 978-2-8212-0410-2 - Dépôt légal : janvier 2015.
Imprimé en Slovénie.